pixi WISSEN

Die Wikinger

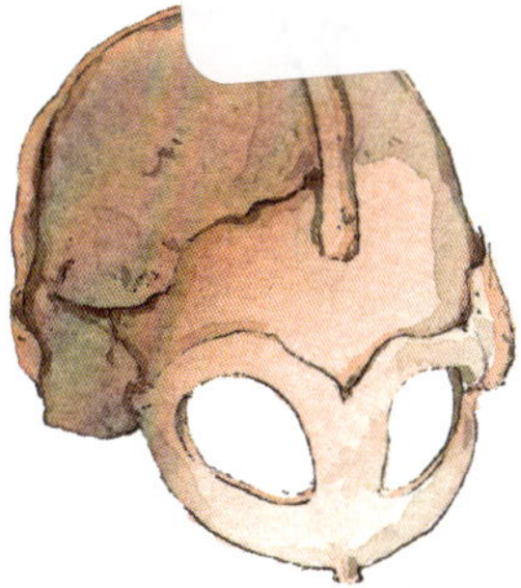

Einfach gut erklärt von Monika Wittmann,
mit Bildern von Sigrid Leberer

CARLSEN

Wer waren die Wikinger?

Zwischen dem 8. und 11. Jahrhundert segelten Seefahrer aus dem Norden Europas auf Meeren und Flüssen durch Europa – wir nennen diese Völker Wikinger. Manche ihrer Schiffe schafften es sogar bis nach Russland, Arabien oder Nordamerika. Viele **Wikinger** suchten auf ihren Fahrten neue Gebiete, in denen sie leben konnten. Andere waren Händler und segelten quer über das Meer, um Waren zu kaufen. Manche überfielen und plünderten aber auch die Küstenstädte.

Woher kamen die Nordmänner?

Da die Wikinger ursprünglich im Norden Europas lebten, wurden sie auch Nordmänner genannt. Die Halbinsel, auf der sie zu Hause waren, heißt **Skandinavien**. Heute liegen dort die Länder Dänemark, Schweden, Norwegen und Finnland.

Schon gewusst?

Was bedeutet der Name „Wikinger"?

a) Räuber b) Weichei c) Wilder Typ

Lösung: a)

Seeräuber oder Bauern?

Oft werden die Wikinger als grausame Krieger mit gehörnten Helmen dargestellt. Dieses Bild stimmt so nicht: Nicht alle Seefahrer waren auf blutige Raubzüge aus. Viele brachten als friedliche Kaufleute Waren von einem Hafen zum anderen. Auf dem Lande lebten die Menschen in Nordeuropa genauso von Viehzucht, Ackerbau und Fischfang wie andere Völker auch.

Hörner auf dem Kopf?

In der Schlacht trugen die Wikinger Lederkappen oder Metallhelme mit Nasenschutz. Helme, an denen Hörner waren, trugen sie nicht.

Wikinger auf hoher See

Das Leben in Nordeuropa war hart. Die Winter dort sind lang, kalt und dunkel. Hungersnöte drohten. Zu Beginn der Wikingerzeit wohnten mehr Menschen in Skandinavien, als das raue Land ernähren konnte. Ihre Heimat war ihnen zu klein geworden. Deshalb suchten die Menschen aus dem Norden neue Lebensräume.

Wikingerhaus im Winter

Wie wohnten die Wikinger?

Die Wikinger bauten ihre Häuser meist aus Holz, Zweigen oder Torf. Die Dächer deckten sie mit Schilf, Grassoden oder Stroh. Der Fußboden bestand aus gestampftem Lehm. Oft gab es nur einen Raum. In der Mitte brannte ein Feuer. Der Rauch zog durch ein Loch im Dach ab. An den Wänden standen mit Fellen oder Decken bedeckte Podeste, auf denen die Menschen schliefen. Nur sehr reiche Hausherren besaßen ein Bett mit geschnitzten Tierköpfen.

Die Hafenstadt Haithabu

Die größte bekannte **Wikingerstadt** heißt Haithabu. Sie lag im heutigen Schleswig-Holstein, nahe der dänischen Grenze. Im 10. Jahrhundert wohnten dort etwa 1000 Menschen. Viele waren Kaufleute oder Handwerker. Sie bauten Schiffe, töpferten Gefäße oder schmiedeten Waffen. Händler kamen mit großen Schiffen nach Haithabu und suchten Käufer für ihre Waren.

Wikingersiedlung Haithabu

Alltag bei den Wikingern

Die Wikinger mussten hart arbeiten, um ihr Überleben zu sichern. Die Männer bauten Getreide, Kohl oder Bohnen an, jagten und angelten. Die Frauen spannen Schafwolle zu Garn und webten daraus Stoffe. Im Sommer machten sie die Vorräte für den Winter haltbar. Fleisch und Fisch wurden in Salz oder Molke (Flüssigkeit, die bei der Herstellung von Käse entsteht) eingelegt, getrocknet oder geräuchert. Die Kinder halfen bei der Arbeit oder sammelten Beeren.

Zeit zum Spielen

Trotz der vielen Arbeit fanden die Wikinger Zeit zum Spielen. Besonders gern mochten sie Brettspiele. Vermutlich schnitzten sie die Spielfiguren, während sie an dunklen Winterabenden am Herdfeuer saßen. Sie fertigten auch Gebrauchsgegenstände wie etwa Löffel oder Essschalen an.

Geschnitzte Schachfigur

Schon gewusst?

Wie heißen die Schriftzeichen der Wikinger?

a) Komische Krakel b) ABC c) Runen

Lösung: c)

Wer hatte das Sagen?

Die Wikinger lebten in größeren Gruppen, **Klans** oder **Sippen** genannt. An ihrer Spitze stand ein **Häuptling** oder ein **Jarl** – ein nordischer Fürst. Die Männer versammelten sich regelmäßig, beschlossen Gesetze oder schlichteten Streit. Später gab es auch Könige, die über ein größeres Gebiet herrschten. Gefangene, die den Wikingern bei ihren Raubzügen in die Hände fielen, hatten keine Rechte. Sie wurden als Sklaven verkauft und mussten hart für ihre Herren arbeiten.

Viele Götter

Die Wikinger glaubten an viele verschiedene Götter. Jeder Gott hatte eine bestimmte Aufgabe. Der Götteroberste **Odin** war zum Beispiel für den Krieg und die Weisheit zuständig. Odins Sohn **Thor** wurde besonders verehrt. Er wurde oft mit einem Hammer dargestellt. Kleine Anhänger in Form eines Thorshammers sollten den Menschen Glück bringen.

Thorshammer als Glücksbringer

Schon gewusst?

Wie hieß die Gemeinschaftsversammlung der Wikinger?

a) Thing b) Sting c) Ring

Lösung: a)

Der Schiffbau der Wikinger

Um die weiten Seereisen sicher zu überstehen, mussten die Wikingerschiffe stabil und wendig sein. Der Rumpf war aus Holz gebaut und wurde mit Teer und Schafwolle abgedichtet. Es gab verschiedene Schiffstypen. Fischer hatten kleine **Ruderboote**. Kaufleute segelten mit einer **Knörr**.

Knörr

Drache in Sicht

Für die Überfälle wurden **Langschiffe** benutzt. Die Wikinger konnten sie segeln oder rudern. Und sie waren schnell: Sie schafften bis zu 16 Knoten, das sind etwa 30 Kilometer in der Stunde. Am Bug trugen sie einen geschnitzten Drachenkopf. Wenn die Wikinger am Horizont auftauchten, zitterten viele Menschen vor Angst.

Bau eines Langschiffs

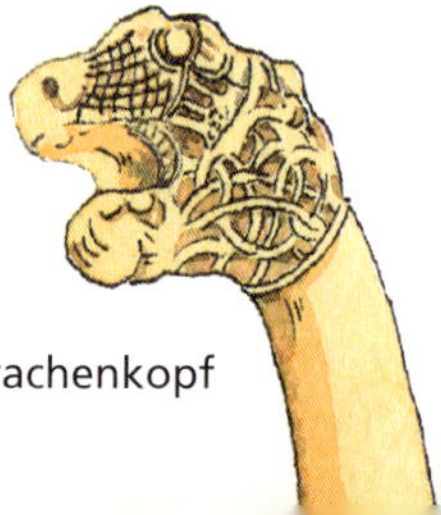

Drachenkopf

Angriff auf Lindisfarne

Am 8. Juni 793 wurde eine kleine englische Insel namens Lindisfarne Ziel eines schlimmen Angriffs: Fremde Seeleute stürmten an Land, plünderten Kloster und Kirche und legten Feuer. Dieser erste bekannte Wikingerüberfall in der Geschichte gilt als **Beginn der Wikingerzeit**.

Schiff voraus!

Die Wikinger waren Meister der **Navigation**, also der Kunst, sich auf hoher See zurechtzufinden. Zum Beispiel erkannten sie an schwimmenden Grasbüscheln oder Holzstücken, ob sich in der Nähe Land befand. Auch die Strömung, die Farbe des Wassers oder die Sterne wiesen ihnen den Weg. Für viel befahrene Strecken gab es genaue Segelanweisungen.

Island in Sicht

Der Entdecker Islands, Flóki Vilgerdarson, bekam den Spitznamen Rabenflóki, weil er mehrere Raben an Bord hatte. Wenn einer der Vögel Land sichtete, flog er davon und das Schiff folgte ihm.

Die Seefahrer hatten Dörrfleisch und Trockenfisch an Bord. Hühner gaben Eier und eine Ziege frische Milch. Die Wasserfässer mussten regelmäßig an Land aufgefüllt werden.

Die Ladung der Wikingerschiffe

Die Wikinger handelten mit Waren aus ihrer Heimat. Einen guten Preis zahlten die Menschen in Südeuropa und Asien zum Beispiel für Walrosszähne, Bernstein, Bärenpelz, Fischöl, Seehundfell oder Walknochen.

Kamm aus Walrosselfenbein

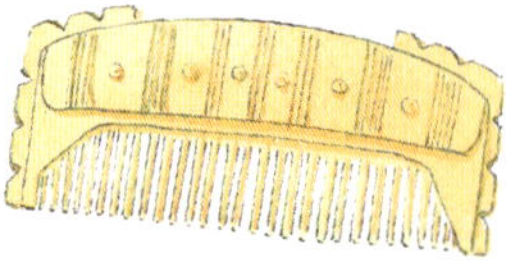

Handwerker schufen schöne Dinge, die von Händlern zum Verkauf angeboten wurden, zum Beispiel verzierte Kämme, Trinkgefäße aus Kuhhörnern und Gürtelspangen aus Silber oder Bronze. Auch Streitäxte, Doppelschwerter und andere Waffen waren gefragt. Oft tauschten die Händler ihre Fracht gegen Seidenstoffe, Schmuck oder Edelsteine. Oder sie bezahlten mit Gold- und Silbermünzen. Manche Seefahrer nahmen sich einfach mit Gewalt, was sie begehrten.

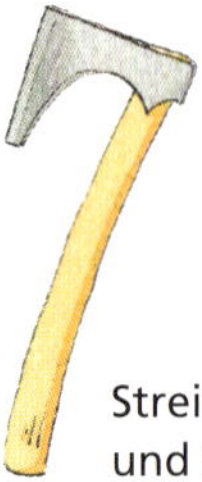

Streitaxt aus Eisen und Holz

Grabfunde

Die Wikinger glaubten, dass sie nach ihrem Tod mit einem Schiff in Odins Götterreich fahren würden. Grabfunde belegen, dass sich reiche Könige sogar in einem Schiff beerdigen ließen. In ihren Grabstätten wurden Waffen, Schmuck, Lebensmittel und auch Pferde gefunden. All dies – so war der Glaube – konnten die Toten im Jenseits gut gebrauchen.

Berühmte Wikinger

Im Jahr 1492 erreichte Kolumbus Amerika. Doch schon 500 Jahre zuvor hatten Seefahrer den Atlantik überquert: Um das Jahr 1000 legte der Wikinger **Leif Eriksson** an der Küste von Neufundland an. Er nannte die Insel Vinland. Schon Leifs Vater **Erik der Rote** war ein Entdecker gewesen: Er wurde nach einem blutigen Streit aus seiner Heimat verbannt und erkundete dann die Insel Grönland.

Wikingersiedlung

Die Spuren der Wikinger

Bei Ausgrabungen auf Neufundland fanden Archäologen eine rund 1000 Jahre alte Wikingersiedlung. Allerdings hatten die Nordmänner dort nicht lange gelebt. Das erkannten die Wissenschaftler zum Beispiel daran, dass in der Schmiede der Wikinger höchstens ein paar Kilogramm Eisen bearbeitet worden waren.

Schwächlinge?

Die Wikinger verspotteten die Einwohner von Neufundland als „Skraelinger", Schwächlinge. Doch offenbar schickten diese „Schwächlinge" ihre unerwünschten Besucher bald wieder nach Hause zurück.

Wohin fuhren die Wikinger?

Die Seewege der Wikinger

Rund 300 Jahre lang durchstreiften die Wikinger die halbe Welt – von Arabien bis Nordamerika. Ihre Langboote lagen flach im Wasser und konnten deshalb auch auf Flüssen fahren. Auch heute noch erinnert manches an die Wikingerzeit. So heißt ein Teil Frankreichs Normandie, Land der Nordmänner. Im Jahr 911 überließ der westfränkische König Karl der Einfältige dem Wikingerhäuptling Rollo das Gebiet an der Atlantikküste.

Bis ins heutige Russland kamen die Wikinger: Die Menschen dort gaben ihnen den Namen „Rus“, Ruderer. Über Flüsse gelangten sie ans Schwarze Meer und bis in die heutige Türkei. Andere Wikinger umschifften Spanien und erreichten auf diesem Weg das Mittelmeer und Italien.

Gibt es heute noch Wikinger?

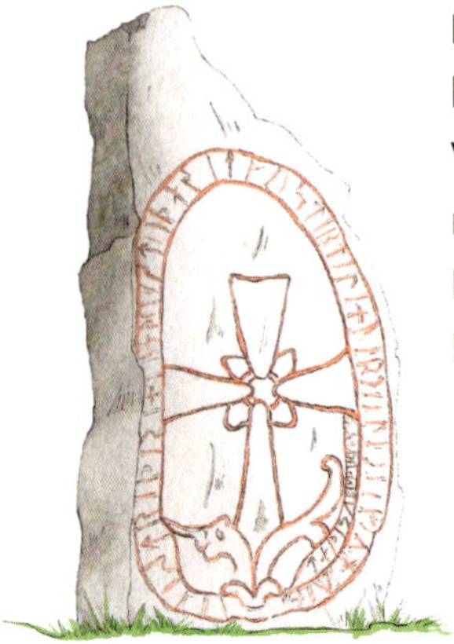

Der Begriff „Wikinger“ bezeichnet kein bestimmtes Volk, sondern ist ein Sammelname für die seefahrenden Männer aus dem Norden Europas.

Stein mit Runen, den Schriftzeichen der Wikinger

Früher hielten Mönche oder Stadtschreiber Ereignisse in Kloster- oder Stadtbüchern fest. Auch alte Runensteine und Ausgrabungen verraten viel über das damalige Leben der Menschen aus dem Norden. Das Reisen veränderte das Leben der Wikinger: Sie ließen sich an anderen Orten nieder, heirateten und bekamen Kinder. Sie nahmen den christlichen Glauben der Völker an, denen sie auf ihren Reisen begegneten. Mit der Sesshaftigkeit der Menschen ging die Zeit der Wikinger zu Ende.

Die Nachfahren der Wikinger

Deshalb gibt es heute keine Wikinger mehr – aber viele Menschen in Dänemark, Schweden, Norwegen ebenso wie in Russland, Frankreich oder Deutschland haben Vorfahren, die Wikinger waren.

Norwegische Stabkirche, frühes Zeichen der Christianisierung

Pixi Wissen Rätselseite

Die Wikinger gaben sich oft Namen, die auf bestimmte Eigenschaften hindeuteten. Wie hießen diese Wikinger?

Welchen Weg muss Olaf nehmen, um an Bord zu kommen?

Auf dem Bild sind 6 Dinge, die es zur Wikingerzeit noch nicht gab. Kreise sie ein.

Lösung:
S. 24: Blutaxt, Blauzahn und Gabelbart
Weg B)
S. 25: Computer, Handy, Streichhölzer, Zeitschrift, Lampe, Mixer

Pixi Wissen Lexikon

Archäologe Wissenschaftler, der durch Ausgrabungen das Leben der Menschen in der Vergangenheit erforscht.

Berserker Besonders kampfwütige Wikingerkrieger. Sie kleideten sich in Bärenfelle und nahmen vermutlich pflanzliche Rauschmittel, um das Schmerzgefühl zu unterdrücken.

Fehde Ein Rachekrieg zwischen zwei Personen oder Familien. Wurde bei den Wikingern jemand getötet, verlangte seine Familie eine Entschädigung. Manchmal wollte sie den Täter auch töten. Um einen blutigen Familienstreit zu vermeiden, wurde auf dem jährlichen Thing (Versammlung) entschieden, dass der Täter die Heimat verlassen musste.

Fibel Schmucknadel, mit der die Wikinger ihre Kleidung schlossen. Knöpfe gab es noch nicht.

Hudfat Werkzeugsack aus Leder, den die Seefahrer nachts als Schlafsack benutzten. Er schützte vermutlich nur wenig gegen Nässe und Kälte auf hoher See.

Jarl Mancherorts hießen die Häuptlinge Jarl.

Kalfatern Die Fugen zwischen den Planken eines Holzschiffes abdichten. Die Wikinger verwendeten dazu oft Moos oder Schafwolle und Teer.

Runenstein Ein Stein mit einer eingemeißelten Inschrift. Runensteine wurden oft zur Erinnerung an tote Krieger aufgestellt.

Trelleborg Ringförmige Festungsanlagen, die von Königen errichtet wurden, um ihre Truppen dort zusammenzuziehen.

Vinland So nannten die Wikinger die Insel Neufundland vor Nordamerika. Wissenschaftler sind sich nicht einig, ob der Name „Weinland" oder „Weideland" bedeutet.

Yggdrasil Die Wikinger stellten sich die Welt als einen riesigen Baum vor. Dieser Weltenbaum hieß Yggdrasil. In der Krone war das Reich der Götter, Asgard. In der Mitte befanden sich die Welt der Menschen, Midgard, und das Reich der Riesen, Utgard. Unter den Wurzeln lagen das Totenreich Hel sowie die Heimat der Eisriesen, Niflheim.

Pixi Wissen Quiz

1. Wo lag die Wikingerstadt Haithabu?

a) An einer Ostsee-Küste, die heute zu Schleswig-Holstein gehört
b) Auf Mallorca
c) Auf Neuseeland

2. Wer war Freya?

a) Ein Wikinger-Rockstar
b) Eine Freundin von Wickie
c) Die nordische Göttin der Fruchtbarkeit

3. Welches Brettspiel spielten die Wikinger besonders gern?

a) Mensch-ärgere-dich-nicht
b) Hnefatafl
c) Fang den Hut

4. Welchen Namen trägt ein rund 1000 Jahre altes Gedicht über die Götter der Wikinger?

a) Edda
b) Herr der Ringe
c) Die drei Spatzen

5. Wie hieß der erste König von Norwegen?

a) Karl der Kahle
b) Harald Schönhaar
c) Rudi Rotbart

6. Was war das Lieblingsgetränk der Wikinger?

a) Ein Honigwein, den sie „Met“ nannten
b) Waldmeisterlimonade
c) Malzbier

7. In welcher schwedischen Stadt errichteten die Wikinger rund 3500 Grabhügel?

a) In Birka
b) In Troja
c) In Entenhausen

8. Worauf schrieben die Wikinger normalerweise?

a) Auf rosa Briefpapier
b) Auf Holz, Knochen, Metall oder Stein
c) Auf dem PC

Pixi Wissen präsentiert

Bd. 1
Pferde und Ponys
ISBN 978-3-551-24051-4

Bd. 2
Piraten
ISBN 978-3-551-24052-1

Bd. 3
Erde
ISBN 978-3-551-24053-8

Bd. 10
Planeten und Sterne
ISBN 978-3-551-24060-6

Bd. 11
Das Meer
ISBN 978-3-551-24061-3

Bd. 17
Tiere in Garten und Wald
ISBN 978-3-551-24061-3

Bd. 21
Dinosaurier
ISBN 978-3-551-24071-2

Bd. 23
Fußball
ISBN 978-3-551-24073-6

Bd. 24
Streiten und Vertragen
ISBN 978-3-551-24074-3

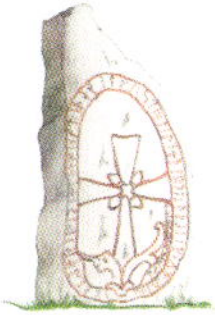

Bd. 32
Mein Fahrrad
ISBN 978-3-551-24082-8

Bd. 33
Strand und Watt
ISBN 978-3-551-24083-5

Bd. 34
Bauernhoftiere
ISBN 978-3-551-24084-2

Bd. 35
Toleranz und Respekt
ISBN 978-3-551-24085-9

Bd. 36
Der Wald
ISBN 978-3-551-24086-6

Bd. 37
Experimente mit Wasser
ISBN 978-3-551-24087-3

Bd. 38
Experimente mit Luft
ISBN 978-3-551-24088-0

Bd. 39
Experimente mit Licht
ISBN 978-3-551-24089-7

Bd. 40
Experimente mit Energie
ISBN 978-3-551-24090-3